$\dfrac{mV}{\cancel{AAA}}$

Émile GOUDEAU-Henri PAILLARD

PARIS-STAFF

Exposition de 1900

PARIS

IMPRIMÉ POUR HENRI BERALDI

Paris-Staff

PARIS

STAFF

1900

Emile Goudeau

Émile GOUDEAU-Henri PAILLARD

PARIS-STAFF

Exposition de 1900

PARIS

IMPRIMÉ POUR HENRI BERALDI

H. PAILLARD

Paris dit :

« Stoppe, voyageur ! Ici, stuc et staff. Stoppe !
Nous avons des marbres, des arcs métalliques
indestructibles, le large Pont nouveau, le Grand
Palais et le Petit, tous deux éternels superbe-
ment; la Tour babélique en dentelle de fer; le
Trocadéro dressant toujours vers le ciel ses deux
défenses éléphantesques. Et nous y ajoutâmes tant
de stuc brillant et de staff capricieux, sous toutes
formes et apparences, comme ces façons de fleurs

1

qui ne durent qu'une semaine, que cela, ô voyageur, vaut le voyage. Stoppe! Par ici l'entrée!... »

Ainsi parla, pour Paris, la Parisienne de Moreau-Vauthier, le mannequin de mode, « la Femme à Paquin », se dressant au-dessus de cette Porte Monumentale destinée à une vie brève et à un trépas prématuré vers la fin d'automne; cette porte gemmée, historiée, qui tout de suite, pour son style rappelant les poêles mobiles, fut dénommée la Salamandre.

On ne pouvait pourtant guère la sommer d'une Vénus de Milo! quoique, chez certains poètes usant de poêles Choubersky, quelque statue gréco-romaine domine l'entablement de la cheminée.

On fit cependant du mieux, du pire, du joli, et surtout de l'immense, en ce royaume du stuc, en ce décor gigantesque de staff, qui possédait cinquante-trois portes : ville immense dans la grand-ville, cité foraine condamnée à mourir six mois après sa naissance. Plantation d'Opéra en plein air, portants et fermes d'une féerie Châtelet qui se serait élargie sur les deux bords de la Seine, jusqu'à figurer un exorbitant Colisée, digne de ce

César à millions de têtes qui s'appelle les Peuples de l'Univers.

Et c'est ce décor incommensurable, planté dans une Arène de cent huit hectares, c'est ce décor que l'on ne reverra plus, qu'il faut fixer en quelques brèves pages! Il a vécu, énorme et brillant. Il est défunt. Voici son mausolée.

Magnifique trompe-l'œil, fragile, mais accroché à quelques solides et résistantes arêtes, tu t'es tenu debout six mois sous le soleil ardent de juillet, et parmi les fines brumes d'automne! adieu!

Pourtant, souvenons-nous. Metteurs en scène, auteurs vagues restés dans la pénombre des coulisses, ministres récitants et sonores dans le marbre ou le simili : côté cour ou côté jardin. Roman comique peut-être parfois! On donna la pièce six mois, cent quatre-vingts représentations : et ce fut le public lui-même, la ruisselante foule cosmopolite, qui forma les chœurs et la figuration, et joua la comédie de l'ahurissement, l'opéra-bouffe de la lassitude, et le mimodrame de la bousculade.

Mais quoi! il fut beau, ce décor! Le soleil se couche somptueusement, et voici que tant et tant

de flammes électriques s'allument, qu'on croirait
à voir ces constellations que les fugitives Perséides
et les Léonides perdues, étoiles filantes, se sont
fixées en terre, et que même la Voie lactée a con-
senti à fournir un peu de son inépuisable trésor
de lumière.

✝
✝ ✝

Ce fut le Parisien avec cette soif du nouveau,
de primeurs de l'avant-veille, dont il souffre
cruellement, pauvre dipsomane des sensations
inédites, — qui, fatalement, dut inaugurer en plusieurs répétitions générales la féerie promise, la
grande Kermesse, la Foire du Monde, et, aussi,
essuyer les plâtres, les stucs et les staffs.

La Porte Monumentale était à peine couronnée
de sa Parisienne au geste accueillant signifiant :
« Laissez venir à moi les petits rastas ! » que le
Parisien, devançant l'étranger, se rua sous ses
arceaux versicolores.

La gare du Champ-de-Mars à Saint-Lazare,
avant même que fût établi un horaire des
trains, se vit envahie, et par les cinquante-trois

portes se déversèrent, torrents de spectateurs à
billets de faveur, ou à multiples tickets, des Parisiens et des Parisiennes qui ne voulurent point
rater l'occasion unique d'entendre les Autorités

les plus hautes et les Puissances prononcer des
allocutions *urbi et orbi*, dans une intensité de
poussière plâtreuse.

Les habitués des vernissages antiques, où l'on
recevait des flots de vernis sur les épaules, et les
abonnés de l'Opéra qui savent le danger des
coulisses et qui connaissent le cri des machinistes :

« Gare aux fermes ! attention aux trappes ! » firent assez bonne contenance. Mais, là, que de bottines échouèrent à jamais dans la boue au lait de chaux et parmi les gravats !

Ils virent à peine le jardin improvisé pour la circonstance ; à peine saluèrent-ils la Tour, qui, sur ses vieux jours, se teignit au henné — si parisienne, la bonne Tour — : ils furent aveuglés aussitôt par l'intense blancheur de tant de palais blancs, sous le ciel blanc, tandis que leurs redingotes noires devenaient blanches aussi, sous la pluie de poussière. Était-ce déjà Pompéi, cette ville nouvelle, et quel Vésuve inédit vomissait ainsi des nuages de poudre de plâtre ?

✢
✢ ✢

Aussi, pour les autres répétitions plus générales encore, le Parisien s'avisa de prendre le bateau-mouche, en guise de loge mouvante. Et ce furent, de la Concorde à Passy et de Passy à la Concorde, les allées et venues dans le remous du fleuve, de ceux qui voulaient, avant l'arrivée des foules spectatrices, compactes, et encombrantes, saisir la beauté du Paris-Staff planté sur les deux rives.

Le léger navire glisse.

Voici le Pont Alexandre III.

Amis, n'écoutez point les spécialistes qui disent : Ce pont de cent sept mètres et demi de longueur sur quarante de largeur constitue un tour de force des ingénieurs ; pour contre-balancer la pression de l'arc métallique à courbe surbaissée, on dut se servir de colossales fondations en granit des Vosges ; cet arc se compose de quinze fermes parallèles en acier moulé qui soutiennent les montants et le tablier....

Négligez les détails techniques, afin d'admirer en amont et en aval cette véritable porte monumentale, jetée sur le fleuve d'un seul élan et qui retombe sur ses quinze pieds de chaque côté, comme un monstre gracieux. Admirez la beauté de l'ensemble et aussi les détails, vous en aurez le loisir. Ce porche fluvial restera comme une parure de la Seine qui dans ses eaux, plutôt trop troubles, essaie de mirer tant et tant de chefs-

d'œuvre qui ornent ses rives. Avec ses deux car-
touches de Récipon — dont l'un, hélas! manqua
durant la Grande Kermesse —, avec sa balustrade,
d'une lourde ferronnerie, garnie de chaque côté
de quatorze somptueux lampadaires ciselés par
Gauquié, avec à ses extrémités les quatre pylônes, sur le chapiteau desquels s'érigent des
allégories ailées et dorées, œuvres de Frémiet,
Steiner et Granet, et sur le socle quatre statues de
la France dues au ciseau des Marqueste, Michel,
Courtois et Lenoir, et gardées par des lions auxquels
les sculpteurs Dalou et Gardet adjoignirent de
pacifiques enfants comme dompteurs.

Et cela est de la beauté qu'il faut savourer, en
laquelle le vieil art de la pierre et du marbre est
venu si heureusement collaborer avec le nouvel
art du fer et de l'acier. Savourez, passez.

A droite vous saluez le Petit et le Grand Palais.

Le Petit Palais, conçu dans un sentiment d'art
très fin par son architecte M. Girault, rappelle,
par certains côtés, Trianon. C'est une œuvre de
néo-Louis XVI. Tenez-vous à savoir qu'il a la con-
figuration d'un quadrilatère en forme de trapèze?

— Oui. — Eh bien, soit ! Les deux façades laté-
rales se raccordent à angle aigu avec la grande
façade et à angle obtus avec la façade posté-
rieure. Là, vous y êtes. A chacun des angles obtus,

des dômes quadrangulaires, jolis. Sous la coupole,
un large vestibule en forme elliptique.... — Assez !
assez ! — L'ensemble ravit le regard, et, d'ailleurs,
il ne doit pas périr, le Petit Palais.

Non plus, d'ailleurs, que le Grand. Ce Palais, si
audacieuse que soit sa voûte de verre en plein

cintre, présente, avec sa colonnade admirablement proportionnée, son péristyle à triple entrée magistrale, un caractère de magnificence. — Parfaitement, cicerone, merci. Cependant, un toit de verre bombé sur du marbre.... Enfin : le premier jour, cela jurait un peu. Nous verrons à l'user. Attendons la patine.

Il y a bien un peu plus loin un autre édifice de verre : mais ce sont les serres de la Ville, et le style serre chaude convient aux fleurs. Il est vrai que le Grand Palais doit abriter les Salons de Peinture et de Sculpture des deux Sociétés, avec vernissage : peintures, marbres nus, jolies femmes, concours hippique, flots de rubans, — fleurs aussi. Alors la voûte de verre en plein cintre est symbole : les Beaux-Arts, les gentes dames et les jolis cavaliers sont plantes de serre chaude. Soit.

Plus loin, le Pavillon de la Ville de Paris ; c'est une imitation de l'Hôtel de Ville. Connu.

Glissons sous la passerelle des Invalides qui s'orne d'un immense coq d'or placé à l'aval et regardant au loin, vers l'île des Cygnes, la Liberté éclairant le monde, laquelle, d'ailleurs, tourne

le dos à son cocorico et à ses ailes frémis-
santes.

Sur la rive gauche, la rue des Nations déroule
sa série de Palais vraiment étonnants de diversité,
dressant au-dessus de la voûte en arcade qui
longe le quai — et où s'installent les Cabarets
exotiques : l'espagnol et le flamand, et le serbe,
et d'autres — une véritable forêt de dômes, de
clochetons, de toits ajourés, sur des édifices —
stuc et staff — exquis comme une plantation
d'un Opéra immense et cosmopolite.

Le staff, étoupe emplâtrée, trouve là son triom-
phe, avant les pluies fatales : le staff se plie à tout
effort d'un art rapide et gentiment caduc. — Oh !
le charme des choses qui doivent vite mourir, les
déjeuners de soleil, les beautés du diable! C'est le
staff.

Et voici le somptueux Palais de l'Italie, un peu
mégalomane, rappelant, par ses coupoles dorées,
l'église Saint-Marc de Venise (à nous le style
byzantin !) et par ses façades la *Porta della Carta*
du Palais des Doges, un tout Venise style ogival
du xvᵉ siècle, très harmonisé. Et tant de mosaï-

ques, et les armes de la maison de Savoie, avec
la croix et les statues et bustes des grands hommes,
Michel-Ange, Titien, Raphaël, Léonard de Vinci,
et au sommet de la coupole centrale l'aigle royale
de la jeune Italie, aux ailes éployées. Tintamarre
de festons et d'astragales. Et, comme ces si habiles
(trop parfois) Italiens ont su donner par truc une
patine de vieux palais à ce jeune staff! Si bien
qu'il prend une beauté séculaire archaïque, ce
décor tout battant neuf!

Voici des arcades ogivales, dorures, vitraux,
frises en faïence émaillée et boiseries peintes. C'est
la Turquie. Du bateau qui file on entend les tam-
bourins; il y a là, certes, un coin où l'on danse du
ventre pour n'en pas perdre l'habitude.

Soyons graves. Un Panthéon. Porche triomphal
soutenu par des colonnes corinthiennes. Une
statue équestre : c'est Washington. United States.
Le porche se décore d'un quadrige : *la Liberté
sur le char du Progrès*, et, derrière, l'immense coupole s'élevant à cinquante-deux mètres sur son
diamètre de vingt, s'orne de peintures historiques, et porte une aigle. Impérialisme! L'aigle du

pavillon aux étoiles bleues! Washington doit être
bien étonné, sinon ravi. Peut-être Lafayette lui

affirme-t-il aux pays des ombres que « l'Empire est
la meilleure des Républiques ».

En sous-sol un bar existe. Trinquez, passants,
à la panthéonienne beauté des filles d'Amé-
rique qui deviennent toutes duchesses et parfois
cantatrices, et surtout impérialement blondes.

Voici le xviiiᵉ siècle avec l'Autriche. Cela s'appelle « la Baroque viennoise », et ce sont des
reconstitutions fragiles et éphémères des grands
palais de la Capitale qu'on nomma la plus parisienne après Paris.

Mais comment dire le charme sobre qui vient
du manoir bosniaque? Tour massive à l'aile gauche; portiques à colonnes mauresques s'ouvrant
sur les côtés, et surmontés de balcons à encorbel-
lements, loggias, moucharabiés, baies à meneaux.
Sous les toits en rehaut des bretèches saillantes
protègent l'édifice. Aux murs, des lierres et des
plantes vivaces grimpent agrestement.

Ici, byzantin, romain, gothique, renaissance,
décadent, barocco, tous les styles employés par les
magyars se fondent agréablement en décoration
tziganique et Marche de Racocksy. Ce serait à y

exécuter *la Damnation de Faust* du vieux Ber-
lioz! Tour de beffroi franchissant de son arc brisé
la promenade de la terrasse. Reproduction d'une
église dont le nom inscrit en lettres d'or intrigue
les infortunés dénués de polyglottisme : Körmo-
Cerbanya. Façade gothique sur Seine, romane sur
le quai, face en retour barocco. Une tour massive.
La danse excitante des styles menée par l'archet
en forme de T d'architectes endiablés, pleins de
fougue et de fioritures.

Kingston-House, château de Bradford-sur-Avon,
est venu se planter aux bords de la Seine — xvɪᵉ et
xvɪɪᵉ siècle, *Elisabethan-Style*. Mais pour se tenir debout, étant, au lieu de marbre, composé de plâtre
et de ciment, il a pris une ossature métallique.
Il est grave et sérieux comme un passage de la
Bible lu par un clergyman. C'est l'Angleterre: fer,
plâtre, prières et acier.

Ah! la chère Belgique! C'est un hôtel de ville
ayant l'aspect d'un reliquaire. Avec son portique
aux sept arcades à colonnes en ogive, avec son
beffroi de cinq étages à trois balustrades, dont le
faîte porte sur une couronne d'or un guerrier

renaissance, avec, de chaque côté, ses deux étages
de fenêtres ogivales parées de statues et coiffées
de clochetons, ce joyau, en dentelle de pierre, est
ouvré, guilloché, taillardé en gracile feuillage
exquis.

Dans le sous-sol, faro, lambic, beuveries, c'est
la taverne du Brabant.

Norvège. (A toi, mon vieil Ibsen!) C'est la *Maison de Poupée!* En ce pittoresque pavillon, spécimen de la construction rurale norvégienne, à la
forme carrée avec des décrochés aux toits et aux
façades, avec des galeries aux larges baies superposées, et au premier étage un balcon en encorbellement (sur lequel on s'attend à voir paraître
la petite folle Nora) avec ses deux flèches qui s'effilent comme deux mâts en son milieu, on comprendrait que les tragédies ibséniennes y fussent
jouées par des pasteurs froids et passionnés.

Le sous-sol possède un restaurant servi par des
femmes en costume national. Point jolies, mais
l'uniforme leur va bien.

Une Allemagne élégante, xve et xvie siècles, avec
une sobriété de lignes qui s'allie à la gaieté d'une

décoration polychrome. Pignons sveltes, gracieux donjons aux pointes dorées, tuiles rouges à la toi-

ture, et boiseries curieusement ornementées. Cela n'est nullement saucisse-choucroute, ce pavillon

3

sur lequel s'étale en lettres pas gothiques mais romaines le titre : *Deutsches Reichs*.

Dans le sous-sol de cette patrie de la bière, une exposition paradoxale de vins allemands.

Encore la Renaissance en Espagne. Ce sont ici des emprunts faits à des chefs-d'œuvre historiques tels que l'Université d'Alcala, la façade principale de l'Alcazar de Tolède, l'Université de Salamanque, « un des modèles les plus achevés du genre appelé *plateresco* » d'après les guides informés, enfin le Palais des Comtes de Monterey avec sa magnifique crête de couronnement datant de 1554.

Le sous-sol appartient à la *Feria*, gracieux restaurant où nul ne manqua d'aller voir de belles, ou jolies, ou toutes gracieuses Conchitas, Anditas, Carmens et Dolorès danser le tango voluptueux, avec de souples déhanchements. Ollé! ollé! Voilà une attraction qui n'a point fait faillite, certes. — Allons donc? — Positivement.

Monaco : une construction à l'italienne un peu basse, deux loggias aux toits briqués — c'est *manque* — mais contraste saisissant, une tour crénelée du XIIIe siècle—*passe*. D'ensemble, pavillon au style

renaissance *pair* et *impair*. En sous-sol des bars,
et une salle de cinématographe : *rouge* et *noire*.

Exposition florale : Côte d'Azur.
Si la Norvège fait songer aux tristesses d'Ibsen,

la Suède évoque d'autres idées, par son pavillon original, si fantaisiste et gai, très curieux. Est-ce un navire ? Est-ce une forteresse, un blockhaus ? Le tout est habillé d'un bois de sapin de couleur foncée, d'aspect sombre, et reposant des blancheurs trop vives du staff-stuc. Grandes et petites coupoles, clochetons en poivrière, tourelles, passerelles étagées, c'est peut-être un fortin. Mais voici des mâts de beaupré, des bouées, des ponts suspendus, des cordages, des guirlandes de pavillon claquant au vent, c'est un navire. C'est peut-être un navire armé d'un fortin, c'est une grande chaloupe qui s'en va visiter le soleil de minuit dans les fiords mystérieux. Nuit d'été. En bas dans le sous-sol, les liqueurs nationales dans un antre obscur. Nuit d'hiver. Ah ! que pittoresque, ce pavillon de la Suède !

Pur style byzantin. Forme de la croix grecque : une coupole basse au centre, aux extrémités de chaque branche, toiture de tuiles roses formant pignon avec portique et colonnes de marbre. Dans les intervalles, quatre pavillons à dôme. C'est la Grèce. Marbre, certes, et aussi fer, cette con-

struction, démontable, doit survivre à tous les
stucs et staffs destinés à périr pour aller revivre à
Athènes. Cavalier superbe, un équestre Coloco-
tronis, héros de l'Indépendance, garde de son
épée de pierre le seuil du pavillon de la jeune
Hellas.

La Serbie s'offre sous les aspects d'une byzan-
tine mosquée. Au centre de l'édifice, précédé d'un
large perron, et soutenu par une colonnade, s'ou-
vre un portique à terrasse. Exhaussée sur un
tambour, une grande coupole métallique; aux
angles, quatre coupoles plus petites séparent les
branches que forme intérieurement la double nef.
Mais pour se conformer au culte grec, et rappeler
l'église de la rue Daru, en cette mosquée voici que
les façades sont habillées de peintures orientales.

En sous-sol, des tzimbalons attirent par leurs
pzing-pzing les buveurs de raki et de zwicka.

Passerelles. Pont de l'Alma. Station de bateaux.
Des tramways cornent, des hirondelles nautiques
sifflent. C'est la rue qui traverse en torrent
grondeur le domaine de l'Exposition.

Au delà, dernier contrefort des pavillons étrangers, le Mexique offre en style néo-grec son élégante construction, présentant à sa façade principale une loggia étayée par une gracieuse colonnade et à son faîte l'aigle du Mexique. Deux rotondes allongent leurs pieds en escaliers monumentaux qui descendent jusqu'au quai.

✢
✢ ✢

Mais, ici, stoppe, bateau. Certes, nous voyons que le sol est encore *profond*, comme disent en leur langage les gens de *turf* pour exprimer cette pensée qu'une piste a été trop défoncée par les pluies et que les chevaux n'y courent pas à l'aise. Cependant, il faut voir les autres pavillons étrangers, ceux que l'on n'aperçoit point du bord de la rivière. Heureusement, là, nous trouvons la plate-forme mobile (style officiel), le trottoir roulant (modern-style).

Tickets à l'entrée, deux. Bien.

Ah! mais voilà, afin de revoir la rue des Nations par les numéros impairs, il faut accomplir le tour entier sur cette plate-forme. Soit. Voilà une

« Semeuse » de cinquante centimes. Tourniquet.
— Entrée. Un ! — plate-forme d'accès. — Deuss !

— Attention, c'est comme pour monter dans le
tramway. — Troiss ! — de même. C'est aisé
pour les hommes habitués à cet exercice qui

consiste à mettre le pied gauche le premier et
à rallier ensuite le pied droit. Mais pourquoi les
femmes s'avisent-elles toujours de partir du pied
droit, d'où un tournoiement rectifié par le bras
du cavalier accompagnateur, — légers cris, rires.
Remarquons que la même dame ayant ascendé
du pied droit, sans raison valable, descendra du
pied gauche, ce qui est contraire à l'équilibre :
pourquoi? mystères du féminisme !

Le mouvement rotatoire des galets chasse par
l'intermédiaire d'une poutre axiale le chemin
mobile qui tourne en sens inverse des aiguilles
d'une montre — de gauche à droite. Ce chemin
qui marche (O Blaise Pascal! où sont tes fleuves?)
accomplit 3370 mètres de parcours en 25 minu-
tes : joie des foules, ce nouveau jouet.

Passe doucement le paysage. C'est l'Hygiène à
côté des Armées de Terre et de Mer : microbes de
guerre intestine et fusils pacificateurs des peuplades lointaines, traumatisme et antisepsie. L'Armée : tourelles, mâchicoulis, merlons, herses,
coupoles d'acier, donjons anciens, tourelles moder-
nes, clochetons ornés de mâts. Tour carrée ornée

de pavois. Grande rotonde avec escalier monumental, merveille d'art... renaissance. — Encore !

Pour compléter cette vision martiale, c'est le Creusot. Casque de fer rouge, ou obus infernal, ou dôme sanglant : un Long-Tom, énorme canon d'acier noir, dresse sa gueule, heureusement close, vert le babélique pylône filigrané de la Tour mordorée au henné.

Le paysage fuit toujours. Ce sont les façades postérieures des Palais du Champ-de-Mars. Saluons la Galerie des Machines, déjà antique connaissance ; mais aussi neuve et brillante sous sa parure de céramique et ses créneaux ; la cheminée gigantesque de l'Électricité. Puis, la rue : l'avenue de la Motte-Piquet dont les habitants ont fui le bruit quotidien des galets roulants, grondante mer, et aussi la curiosité de ces passants aériens qui dévisageaient leur intimité familiale.

Aux Invalides. Une autre rue des Nations, oui. Combien bizarre ! commercial et pittoresque mélange.

Une Belgique agricole en chalet rouge.

Une Russie en chalet jaune sommé d'une aigle

4

impériale : un samowar énorme en métal blanc
(anglais peut-être, ce métal, ô ma patrie franco-
russe !) bout sur une petite table en laque. A côté,
un moulin jaune : farine russe. Quelqu'un, malgré
ce jaune, et simplement frappé du motif archi-
tectural, s'écrie : « Tiens ! le Moulin-Rouge ! » Le
restaurant russe inscrit sur sa porte : « Ici on
peut apporter son manger » (vieux style, *confer*
La Fontaine : « acheter le dormir, comme le
manger et le boire »).

A côté, les Institutions de l'Impératrice Marie,
avec un joli clocher de bois et une croix haute,
dorée.

Un chalet avec belvéder ayant vue sur le trottoir roulant. Titre : Météorologie et Magnétisme.

Une Allemagne grave en face d'un American-
bar, où l'on boit quoi? du Cusenier, d'après les
affiches, ou de la bière royale de Munich rimant
en *brau*, naturellement. Étrange American !

Des United States : murs en arceaux à la façon
de certaines pierres tombales, sur lesquels, au
hasard, on lit : « Publishers Buildings, pavillon
des Éditeurs, E. U. », — ou « Lauston Monotype

Machine Co. » — ou « Printing Press & M'F'G'Co'
(ô apostrophes!) — puis « Colombia phonograph
general Co... », and cætera, Co.

Une Laiterie britannique. O nursery ! « London
and provincial Dairy Comp^y » (ce n'est plus Co.).
On voit des fromages et des palmiers.

Une Italie sur fond verdâtre (style de reliure)

avec fers donnant des reliefs, cuirs et peaux. Bloc énorme de marbre noir Carrare. Des Apollon du Belvédère, têtes énormes, en simili. O stuc !

Paris-Copenhague-New-York, quoi ? c'est un hangar : nouveau système de broyage.

Une Hongrie avec, sur un piédestal, un groupe où l'on croit reconnaître un picador domptant un cheval. Espagne alors ? Ollé ou Eljen ?

Un petit château, ressemblant par son ornementation extérieure aux dessins esthétiques des modernistes : fleurs de verre bleuâtres, marguerites de céramique jaunâtres, arceaux enguirlandés en forme de vieux dossiers de chaises légères tarabiscotées. Une pâtisserie viennoise, avec, en fresques, au fronton, de petits pâtissiers blancs, en file hiératiquement étrusque, parmi des fleurs violettes courant en guirlandes. Et toujours l'affiche : Cusenier, Liqueurs Cusenier. Alcoolisme cosmopolite !

Un Japon très quelconque, mais plein de potiches, de monstres en porcelaine et de larges plats historiés.

Puis, ô stupeur ! à la suite de ces nations étran-

gères voici « La Vieille Auvergne ». Donjon cre-
nelé, clocheton. Sur une porte : « Ici on se pho-

tographie sur cartes livrables de suite ». Autre
porte ; en haut Musée, et au-dessous « Five o'clock,
bourrée, table d'hôte ». Ah! cette « Vieille Auvergne »! Sous un petit arc posé au-dessus d'une
entrée, un Vercingétorix à cheval semble dire :
« Nous sommes toujours les Arvernes indépendants, nation étrange et étrangère! » Mais à
côté on lit : « Prenez une tasse de chocolat
Menier ».

N'est-ce point là un symbole de l'Exposition :
art, industrie, poésie et commerce.

Existent sur l'autre flanc des Invalides un Vieux
Poitou assez pittoresque, un Vieil Arles plein d'accent, un Mas Provençal sans grand caractère, et
une Maison Bretonne très biniou, toutes habita-
tions provinciales. Ont-elles exclu l'Auvergne?
où l'Auvergne a-t-elle refusé de se joindre à elles?
Mystère et Commissariat général!

Et le mobile paysage nous ramène vers la rue
des Nations où le grandiose pavillon d'Italie se
présente sous un nouvel aspect.

Mais voici bientôt les côtés impairs de cette Rue
étonnamment ravissante.

Danemark. En vérité plus de toit que de maison : un toit chargé de tuiles rouges et flanqué d'une tourelle. C'est une maison du Jutland, toute en charpente, menuisée, et revêtue de briques blanches dont la couleur forme contraste avec son large chapeau de toiture vermillonnée. Des fenêtres aux vitres montées sur plomb, ainsi que des verrières.

Un Portugal, assez simple en son style semi-oriental. Attributs nautiques décorant les façades. Frise peinte rehaussant le tout. Il est flanqué d'un pavillon, orné d'un balcon gracieux, gracile, surplombant le rez-de-chaussée.

Ossature métallique démontable, et revêtue de pierres factices miroitantes, tel est le Pérou : Renaissance! — encore! — hispano-lusitanienne. Porte à fronton, de chaque côté accompagnée de vastes baies mauresques, flanquée à ses extrémités de deux tours recouvertes de faïences éclatantes. Larges escaliers montant à la terrasse. Un dôme vitré couronne sa partie centrale (Dieu! que de dômes!); et une balustrade agrémentée d'une décoration florale forme son entourage.

Un kiosque séparé s'occupe de la dégustation :
aguardiente, eau-de-feu.

Ici, rêvons. C'est la Perse. Le Palais Médurré
Madershah, l'un des plus beaux d'Ispahan, revit
sur le quai d'Orsay. Porte monumentale, formée
d'un grand arc ogival lancéolé, et entourée d'une
large frise. Vestibule orné de stalactites décora-
toires. Immenses baies à vitraux peints et émaillés
se partageant l'édifice. Les intervalles revêtus de
carreaux de faïence d'une éclatante tonalité portant des inscriptions persiques et des motifs
d'ornementation. Surmontant le corps principal
du Palais, une terrasse où surgissent deux pavillons de sept mètres de hauteur à colonnes copiées
sur celles du Tchepel Soutoun d'Ispahan : cou-
verts de glaces, ils forment d'immenses miroirs
à facettes, fournissant des reflets versicoles. Mille
et une nuits.

Un toit pointu, hauts pignons, deux pavillons
d'angle monumentaux avec double escalier. Style
espagnol du xvie (ah! Renaissance!), le Palais
grand-ducal du Luxembourg reproduit ainsi ses
formes rectangulaires au quai d'Orsay.

Voici une coquette église villageoise. Un vais-
seau allongé se termine en abside, avec clocher
érigé sur le chœur. C'est un clocher octogonal,

surmonté d'un pittoresque motif d'architecture :
quatre soleils aux rayons gladiolés. A la base,
quatre ours aux mâchoires inquiétantes. Sur
l'archivolte, des têtes de loups arctiques formant
cordon circulaire. Entre les coupoles qui suppor-

5

tent le toit, des grenouilles assoupies, et, aux
angles, d'énormes pins renversés. Tout cela
figure, en symbolisme, les lacs et les forêts de
Finlande. En lettres d'or, ce titre : *Huancavelica*.
Incompréhension. Regardons les tourelles et le
clocher, mieux vaut.

Portique musulman, mais ensemble byzantin,
c'est la Bulgarie. Entrée principale accostée de
deux colonnes carrées, et chaque angle d'une tourelle à clochetons. Une rosace énorme, de larges
baies s'étalent; une terrasse domine, sur laquelle
règne un restaurant orné de tziganes. Czardas!
Coloration claire, motifs faunesques et floraux.

Connaissez-vous Curtea d'Argesch? Non. Cependant on lui emprunta ici ses dômes et ses clochetons en métal brillant et ciselé. Savez-vous le
monastère d'Horezu? Non. Toutefois, ici on copia
son grand porche à trois baies et son hall. Enten-
dîtes-vous parler des Trois Saints de Jassy?
Non. Néanmoins, on s'inspira de cette église pour
pratiquer une frise à bandeaux de céramique.
Vîtes-vous jamais le temple de Stravopolios? Non.
Mais voici ses fenêtres reproduites là. Par quel

exotique? par M. Formigé, auteur de la vieille Galerie des Machines. Et c'est le Pavillon Roumain doté d'un escalier monumental à double rampe, bien machiné, certes.

Dans le soubassement, restaurant roumain : raki, zwicka à boire, czardas tziganiques à ouïr. Plus loin, d'ailleurs, et par delà les passerelles et le pont de l'Alma, et même après un bureau de postes et télégraphes d'une bonne figure bureau-cratique, un autre cabaret roumain nourrit les peuples de mets étranges et de lancinantes musi-ques à flûtes suraiguës.

✢
✢ ✢

Ici, une ascension à notre bonne Tour de 300 mètres nous permet de jeter un coup d'œil sur l'ensemble des dômes, minarets, coupoles, clochetons ajourés. C'est spectacle à vol d'oiseau (comme on voit les choses sous un singulier angle quand on est oiseau volant!). Clownerie des lignes qui se disloquent, cacophonie de couleurs qui n'ont plus de demi-tons, échevèlements du pano-

rama. Là-bas, la Roue de Paris a l'air d'un cer-
ceau, ou d'un monocycle ; le Globe céleste s'élargit,
énorme et puéril. Des sons vagues et nasillards
d'orchestres montent, comme tamisés par un
phonographe.

Une passerelle s'est effondrée sous les fournées
humaines qui la piétinaient de leurs mille pattes.
Le Trottoir roulant roule, le petit chemin élec-
trique chemine comme un serpent léger, des
bateaux courent sur le fleuve. La nuit tombe : des
lumières électriques peuplent l'ombre de lucioles.
Le soleil se couche, là-bas, là-bas, sur Meudon. A
demain la suite de ce conte, ô Schéhérazade, vous
qui me lisez.

+
+ +

Comme le sol consentit à se raffermir, que les
gravats devinrent moins aggravants, et que les
passerelles se résolurent à résister, on put pédes-
trement aborder le Champ de Mars, par un chemin
de fer créé exprès, et qui prit des voyageurs à la
gare Saint-Lazare, le centre et le diaphragme de

Paris, la gare plexus solaire. Juin brillait en sa fin, presque juillet.

Et nous voilà (pauvres nous!) baignés dans

l'immense, l'incommensurable. Explorateurs pédestres, refusant le secours des voiturettes à grelots de vélocipèdes, que poussent des employés mornes, si mornes! qui ne nous permettent point

d'oublier les Annamites pouss'pouss' de 89, non
plus que les petits ânes de la rue du Caire et
leurs conducteurs bronzés, vêtus de chemises
flottantes et invoquant Allah pour se frayer passage. Pédestres! ah! piétons! infortunés explorateurs de l'incommensurable et de l'immense
décor de Paris-Staff aux cinquante-trois portes!

✢
✢ ✢

Préface du Champ de Mars : comme qui dirait
les installations « liminaires ». On coudoie une
Venise, en contemplant le puéril Globe céleste,
déjà veuf de sa passerelle écrasante. Ici un Pano-
rama transatlantique, et un Maréorama : nous
sommes dans la section « Navigation, chasse,
pêche ». Un pauvre monsieur qui sort de ce
Maréorama, où l'on offre moyennant finance aux
amateurs la joie intense de subir le mal de mer
par roulis, tangage et vertige, s'enfuit, un mou-
choir sur la bouche, avec des soubresauts expli-
cites indiquant la nausée enfin conquise : prix :
trois francs. Attraction.

Passe un pâtissier vêtu de blanc, mais devenu noirâtre sous la poussière, ainsi que ses gâteaux,

du reste. Poussière comme boue : noire sur le blanc, blanche sur le noir.

Un Cinéorama : voyage en ballon libre. Soit !

Près du petit Lac au pied de la Tour voici le
Palais de l'Optique : oh ! la Lune à un mètre ! (l'as-
tu vue, la Lune, mon gars ?) Non, mais un dôme
versicolore joli sous le soleil.

Une céramique rocaille et verte d'un vert d'eau.

La belle Fatma. Écho des temps disparus !
from-from-from-pzing ! Kadoudja, ma maîtresse,
que tes yeux sont doux !... en 1889 ! Loin, loin !
Alas, poor mouquère ! Ainsi s'exprime-t-on en toutes
langues parmi la Babel du stuc. Un passant parisien, le dernier, prononce : Zut ! Mais son cri
montmartrois se perd dans le magma linguistique
de tant de hurleurs venus sur les trente-deux
pointes et pétales de la rose des vents.

Un Tyrol assez bizarre avec restaurant (toujours,
naturellement).

Un Palais du Maroc bellement oriental orné
d'une terrasse : café, restaurant du Lac.

Le gentil Pavillon du Touring-Club se mirant
dans les eaux de ce lac dormant sous les larges
pieds de la Tour.

Et le Palais des Eaux et Forêts avec son vaste

portique cintré, sa véranda élégamment rusti-
que, un bow-window charmant, et ses deux clochetons rouges à forme de sonnettes sombres qui
tranchent sur l'ensemble blanc, et forment cor-
respondance de couleur avec le Creusot sanglant.
Il abrite aussi l'Ostréiculture. Allons !

Plus, un Comptoir d'Escompte, massif, comme
il sied à un financier d'envergure.

Puis, le si joli Lac à gauche de la Tour, avec le
Palais Lumineux. Ah ! quand on illumina, combien
ravissante cette lanterne dont la face brillante
se reflétait dans une eau de rêve ! Dans le jardin,
le confortable Palais (simili) de la Navigation de
Commerce, à côté de la chapelle bizarre des
Messageries Maritimes et de trois peuples : Allemagne, États-Unis, Grande-Bretagne, avec une
grande tour à forme de cheminée en cône tron-
qué.

Le Chalet Suisse — restaurant, vous pensez ! sur
la carte duquel on lit : « Champagne de Neu-
châtel ».

Pavillon Bleu, restaurant chic. Un Siam, non
dénué de restaurant. Un Tour du Monde somp-

tueux avec un air nougat, un Club-Alpin ayant
pour toile de fond une neigeuse vue du Mont-
Blanc.

Ah! qu'est ce Palais Chinois en boiserie laquée
et des étages superposés? C'est la brasserie (oh!
chic!) et le café Vetzel.

Là aussi, le Palais du Costume, faisant vis-à-vis
naturellement au Palais de la Femme qui se
trouve sur l'autre rive de la Tour Eiffel et de son
double Lac.

✝
✝ ✝

Et, alors, c'est le Champ de Mars. Vu d'ensemble, il apparaît comme un peuple de palais,
plantés sur une rue immense, et de style sinon
identique, du moins très harmonisé. Ce n'est pas
la rue des Nations. C'est autre.

Et voici des portes monumentales, où l'effort
de l'architecture demeure généralement byzantin,
avec dômes, minarets, clochetons. Plein cintre.

Ainsi le Palais somptueusement adorné de la
Métallurgie et des Mines fait face au Palais des
Lettres et des Arts, un byzantin devenu un peu

moresque; mais la Métallurgie a, dans l'occurrence, sur les Lettres, une supériorité: c'est un

léger clocheton ajouré, d'où s'échappent les notes
légères, cristallines, joyeuses, d'un carillon dont la
voix de métal égrène *Mandolinata*, ou « Rêve,
parfum ou frais murmure, Petit oiseau qui donc es-
tu? » ou encore « Ton destin, belle rose, » de *Mar-
tha*. Et tant d'autres airs vieillots qui rappellent à
ceux qui les connaissent certaines nuits flamandes,
quand tombaient du ciel tout à coup quelques notes
cristallines d'un beffroi invisible et charmant.

A gauche, les Fils et Tissus, coiffés d'un vaste
dôme, font vis-à-vis à l'Éducation, qui par-dessus
ses deux loggias en étage pose un casque plus
petit, délicatement ouvragé.

Puis, une solennelle porte du Génie Civil avec
deux tours carrées et une rotonde vaste coupée
d'un balcon.

Alors, la rue immense se resserre un peu. Les
monuments ont fait un pas en avant et présentent
à gauche le dôme et la loggia de la Mécanique,
auquel répond, tout pareil, le Palais des Indus-
tries Chimiques. Et dès lors, de chaque côté,
ce sont les arcades de la rue de Rivoli portant
au-dessus d'elles une autre série d'arcades plus

élevées de plafond, en loggias de grand opéra.

Sous une de ces arcades, gentiment, dansent du torse, des reins et des castagnettes, de jeunes Espagnoles : il en est pour tous les goûts, de vingt à dix ans. Étrange, et un peu inquiétante, une toute petite qui souligne, déjà, du geste andalou, ses effets de croupe, — d'une croupe absente. Mais n'avons-nous pas, pour les abonnés, les petits rats à l'Académie nationale de la Danse !

✝
✝ ✝

Et c'est, au fond, la rotonde du Château-d'Eau qui dresse sa porte ciselée, — avec derrière elle le joli décor de l'Électricité, — pareille à une dentelle : double arcade de féerie, surmontée au centre d'un pignon sur lequel s'érige un bizarre génie du feu et de la lumière. Par-devant, les vasques immenses reçoivent un écroulement d'eau, et des gerbes ascendent et descendent : le décor est trop grand pour ces ondines. Manque d'eau ! mais cette substance est si chère à Paris qu'on la ménage forcément.

Et là-bas, le Trocadéro, dressant ses deux défenses vers le ciel, abrite, sous son large ventre éléphantesque, les Colonies et leurs silhouettes étranges.

Passons le Pont d'Iéna, aux balustrades bleutées, mais possédant des bas-côtés de ciment armé que les sages évitent, en suivant la chaussée du milieu. Ciment armé — passerelle effondrée!

Voici notre Algérie. Palais officiel, architecture arabe : c'est une mosquée, la coupole principale étant copiée sur celle de Pècheri, et son grand minaret sur celui de Tlemcen. Blanc, orné d'émaux et de faïences versicolores. Colonnades, portiques, terrasses, balustrades. Très blanc.

En face, l'Algérie libre et la rue de la Kasbah ; danse du ventre, du sabre, Aïssaouas. Cuisine arabe avec felfel et couscous et caoüa. Femmes voilées mystérieusement. Gandourahs, chabarahs, kaftans, fustanelles, burnous, turbans. Pêle-mêle, musiques ronflantes, cris stridents. (Nous connaissions cela, déjà! oh! oui!) Mais Mlle Rosa exécute une danse du ventre bien remarquable, puis elle tournoie en derviche affolé, tenant entre

ses dents une chaise de bois. Elle est annoncée
par une camarade sous ce titre : Danse du ventre,
des dents et des nichons (*sic*). C'est Batignolles

pur. Un Aïssaouï avale des serpents. La danse du
ventre relève de la chirurgie ouvreuse d'abdomens
malades, et le jeu sinistre des Aïssaouas, de la
camisole des aliénistes. Enfin !

Tunisie : bazars, terrasses, échoppes, dômes,

minarets, tourelles, moucharabiés. Mosquées de
Sidi-Maklouf et de Sidi-Mahrès. Une merveilleuse
porte accostée d'un minaret appartenant à la mosquée de Kairouan.

En Indo-Chine. La pagode de Cholon est là re-
produite, ainsi que le palais de Cho-loa et une
vision cambodgienne d'un Pnom (colline).

Un Madagascar baladeur, qui a dépassé les portes de l'Exposition pour s'installer en un pavillon
de forme cylindrique et d'architecture arabe, où
se fit entendre la musique malgache.

Sénégal, Soudan, oui, oui! Indes Françaises,
mortes à peine nées! oui, oui! Nouvelle-Calédonie,
case à véranda. Dahomey, tour à mirador, tri-
bune de Béhanzin, bien, bien! Guinée, autre case.
Côte d'Ivoire : hall, véranda. Déjà vu. Réunion,
Guadeloupe, Martinique, Guyane : dégustation. Aïe
donc! Missions, Océanie.... Assez.

✝
✝ ✝

Mais voici les Étrangers.

L'Asie Russe. Un faux Kremlin, un Palais Sibé-

rien, Tour d'Ivan Velika. Transsibérien reliant
(ô symbole !) le Palais Russe au Pavillon Chinois.

Chine charmante. Pavillon plein de statues
polychromiques, — comiques, — mais leurs gestes
fixés et mièvres, et leurs doigts si longs, et aigus,
si cruellement longs, doigts de chirurgien pour
supplices.

Advient un Chinois vivant. Petit et plein d'hu-
milité en face de ces Européens qui passent et
passent sans fin. Sa personne, jeune encore sans
doute, est vieillotte ; sa queue bien natée pendant
sur sa blouse de soie bleue, il darde les regards de
ses yeux bridés, froids et craintifs.

A l'autre pavillon. Des monstres bleus, verts et
dorés, ouvrent leurs gueules de dragons qui se-
raient simplement grotesques, si l'on ne savait
quel peuple les adore.

Une Porte monumentale ; c'est en partie celle
de Confucius à Pékin. Cela nous change un peu
des innombrables salamandres ; mais c'est peut-
être là une de ces portes qu'il fallut défoncer
pour sauver les légations.

Le Temple du Dragon Noir, variante des

7

palais et des arcades fameuses du Céleste-Empire, hausse ses étages sur des terrasses, et se coiffe de toits verts retroussés, éclatants, coiffés de clochettes tintinnabulantes. Tons verts, chromos, bleus, roses, rouges, — parfois bruyants, parfois nuancés finement.

Et c'est le Transvaal. Pyramide dorée, figurant la masse d'or extraite des mines. Et voici les mines elles-mêmes : leur entrée, avec échafaudage et la roue tournante. O pyramidale pyramide d'or !

Puis la Ferme Boer, son modeste chaume et ses étroites fenêtres; elle ressemble aux fermes normandes, il n'y manque que le purin. Pauvres fermiers boers !

Voici le Pavillon Transvaalien, avec son péristyle porté par quatre colonnettes grêles, image de faiblesse. Au coin, une pancarte roide, noire, sur laquelle en lettres dorées bordées de rouge sang se lit : « Exposition minière souterraine », l'entrée des mines d'or de la R. S. A. Une main indicatrice à manchette crispin indique au bas du tableau le chemin de l'or pyramidal : cette main

est très pâle, exsangue, main de lady Macbeth ayant
essuyé son rouge cruel pour être cireusement

cadavérique au-dessous des lettres d'or jaune
bordées de rouge sang.

Java. Indes Néerlandaises. Le Temple de Tjaudi-Sari, architecture disparue, et si exquise! Et deux Pavillons venus de Sumatra; d'étranges bêtes de pierre gardent le seuil.

Canada, Indes Anglaises, Égypte (hélas! *dito*). Un Canada frigide et grave, avec ses groupes de femmes vertes en bronze se roulant aux pieds d'un homme également vert et d'État vraisemblablement. Ceylan, bordée d'une palissade en bambous; des Cinghalais vêtus de robes blanches, coiffant d'un blanc bonnet leurs noires chevelures nattées ou frisées, servant un thé exquis, au son d'une musique bien française. Des idoles en roideur hiératique lèvent un doigt bouddhiste, ou désignent d'une main leur nombril sacré. Voici un Palais Hindou avec un escalier aux marches de marbre vert.

L'Égypte vaste. Le palais principal synthétise les temples de Karnac, d'Ipsamboul, d'Abydos, de Philœ. Portique, porche, atrium, galerie couverte. Puis des détails de style musulman : trèfles, moucharabiés. Égypte mêlée des Pharaons et des Khalifes. *All right. Yes.*

Puis le pays de *Madame Chrysanthème*. Pavillon
reconstituant la pagode de Kondo, à Nova. Con-
struit en bois, à deux étages, la toiture retroussée
aux angles, des balcons d'un rouge sang faisant

saillic sur le mur jaune d'or fleuri de lotus à son
soubassement, égayé d'un vol d'oiseaux dans la
partie intermédiaire, et couronné dans sa partie
haute par une frise aux nuageux profils féminins. C'est le Japon. Pavillon de thé d'un côté,
pavillon de vin, de riz saké de l'autre. Déli-

cieux Nippon que fleuriront les chrysanthèmes à l'automne.

Restaurant Duval énorme et triste, avec des petites bobonnes bien vieillies au service.

La Navigation de plaisance amarre au-dessous ses yachts, dont un orne sa proue d'un cygne énorme.

✢
✢ ✢

Tourelles, église, halles, Porte Saint-Michel, Place du Pré-aux-Clercs, Maison aux Piliers, Collège Montaigu, Pomme-de-Pin, Héloïse et Abélard, Puits d'Amours, Église Saint-Julien des Menestriers, Pilori, Grand Châtelet, Petit Château-Gaillard, Pont au Change, Bretèche de l'Hôtel Bourbon, Hôtel d'Harcourt. Et allez donc !

Des gens moyenâgeux, quoique vêtus en mousquetaires, promenant des justaucorps rouges de hallebardiers du xvi⁰ siècle, s'abouchent avec des damoiselles du xiii⁰. Les chanteurs de Saint-Gervais psalmodient du Palestrina sous l'œil de Mérodack, le pitre des cathédrales. Colonne et son orchestre luttent d'intensité avec la voix populaire

de Mlle Eugénie Buffet. Des bonimenteurs auda-
cieux appellent le public moderne à la Foire de
Saint-Laurent ou devers le débit du Vin Désiles :

coca, kola, kina ; un chanteur des rues vêtu de
jaune fait la quête après sa chanson et dit :
« Merci, noble châtelaine, » ou : « Dieu vous le
rende, comtesse, » à une passante échappée à quelque boutique de Belgique, et qui lui a jeté deux

sous portant l'effigie de Napoléon III. Et allez
donc! c'est bien ça nos pères!

C'est le Vieux-Paris intérieur. Un garde-cham-
pêtre enroué vocifère, un cornet à piston fait
rage, des cloches sonnent, une trompe de chasse
mugit, parmi maintes « ymaiges et sculptures
gothiques ». Derrière, vers l'entrée du théâtre, on
trouve des machines automatiques nombreuses
sur le cadran desquelles s'étale un jeu de
cartes peintes, parmi des étoiles dorées, argen-
tées, pailletées; on lit : « Je suis la célèbre carto-
mancienne, consultez-moi, et je vous répondrai
par les cartes. Mettez dix centimes ou deux petits
sous et vous serez satisfaits! » On ne tarde pas à
l'être, si l'on consulte seulement trois de ces car-
tomanciennes automatiques : selon la première,
on est aimé d'une blonde; à la seconde, c'est
une brune; à la troisième, une rousse. Ainsi! Ah!
coquin de Vieux-Paris !

Bordée par l'Horticulture, avec ses marronniers
où fleurissent des oranges électriques destinées
aux illuminations du soir, c'est la Rue de Paris
et ses attractions, dont il faut consigner pour

l'histoire la liste que recueillirent maints syn-
dics de faillite, hélas! L'histoire seule dira, sans
doute, pourquoi.

Après, le Palais des Congrès, très sobre en son
style Louis XVI, ses neuf baies rectangulaires,
sa travée centrale surmontée d'un comble discret
accolé de deux petits dômes couronnant les
pylônes, ses trois grandes portes d'entrée sur le
Cours-la-Reine, et son minaret sur terrasse orien-
tale dominant l'édifice : il figure bien la gravité
des réunions où l'on discutera de la paix avec
horions, et du féminisme avec un certain ridi-
cule. Songez : cent dix congrès internationaux ! il
en fallut bien deux, au moins, qui prêtassent à
rire. On ne peut pas toujours congresser sérieuse-
ment à Babel.

Phono-cinéma-théâtre — Théâtroscope — Mai-
son du rire — Tableaux Vivants — Jardin de la
Chanson — La Roulotte — Aquarium — Grand-
Guignol — Bonshommes Guillaume — Palais de
la Danse — Auteurs Gais — Théâtre Loïe Fuller —
Tour du Merveilleux.

Les déjà archaïques chansonniers montmartrois

8

firent, en ces lieux, la triste expérience de l'in-
différence des foules : une indigestion de chansonniers avait saisi les peuples. Loïe Fuller put
tenir, surtout aidée de la tragédienne japonaise
Sada Yacco ; puis Cléo de Mérode — et encore ! — et
la mime danoise Charlotte Wiehe, — mon Dieu !

Cependant de jolis motifs décoraient ces théâ-
tricules, des frises bizarres, des fresques singu-
lières. Les arbres étaient beaux, l'allée vaste.
Mais l'on s'y promenait comme en un décor, sans
souci des bonimenteurs, et surtout en redoutant
d'entrer dans leurs roulottes. Triste ! Et combien
triste aussi ce cabaret qui se para du titre des
Cadets de Gascogne, pour exhiber en verseuses de
bock des filles déjà sur le retour d'âge, laides et
moustachues, qui remédiaient aussitôt par leur
aspect à l'excitation causée par les danses lascives
du voisinage, et par l'apparition subite et rapi-
dement envolée de quelque très troublante visi-
teuse à parfum capiteux.

✢
✢ ✢

On dépasse le pavillon délicieux de la Ville, et

parmi des jardins peuplés de statues, bordés par la grille impériale moscovite, en lorgnant encore les deux Palais des Arts, c'est le Pont Alexandre III

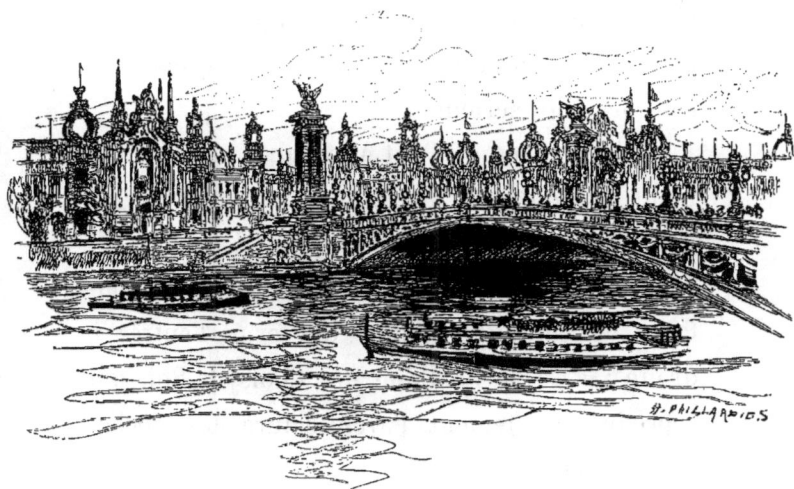

qui offre ses pylônes gardés par des lions, et l'admirable perspective des Invalides, en une avenue de palais blancs que ferme là-bas le vieil Hôtel sombre et casqué d'or patiné par le temps.

Voici des arcades supportant des loggias, et sur-

montées d'une série de clochetons à jour,
d'un style amusant et gracieux : on dirait d'immenses paniers pour cadeaux de nouvel an ; il ne
leur manque que les rubans et des fleurs. Le
coup d'œil d'ensemble séduit comme une vitrine
de fleuriste, car le soleil se charge de poser ses
rubans de flammes et ses fleurs de rayons dans
ces corbeilles aériennes.

Après l'entrée du Pont Alexandre, si hautaine-
ment grandiose, la Porte vers les Invalides est
gracieuse, avec les motifs en relief d'angelots. Et
encore des Amours blancs à la si gracieuse Fontaine de céramique verte qui orne l'entrée à
droite : c'est la Fontaine de Choisy-le-Roi, qui
reproduit exactement l'architecture des clochetons en corbeille.

✝
✝ ✝

Et l'on revient de-ci, de-là, au hasard ; on revoit
des dômes partout, et des colonnes, et des minarets, et des rotondes, et des portes cintrées, et des
ogives, et des danses du ventre ou des hanches, et
des personnes traînées dans des petites voitures

ayant une clochette de vélocipède et actionnées
par un employé sérieux à casquette bordée de
rouge.

C'est, dans cette immensité décorative, la fatigue, la redoutable fatigue.

✝
✝ ✝

Et, de plus, ce furent, parmi la Grand'Ville,
des gémissements, des pleurs et des grincements
de mâchoires, car les moyens de locomotion devinrent bientôt redoutables ou inattingibles. Les
trains télescopèrent, les trams sautèrent, et les
cochers de fiacre se montrèrent, malgré l'exaspé-
ration générale et même mondiale, tortionnaires,
abrupts et implacablement escarpés.

Ils avaient, d'ailleurs, adopté une formule pour
exprimer leur mépris de quiconque offrait le tarif
ordinaire : « Vous ne m'avez pas regardé ! ». Parfois même ils poussaient l'impudence jusqu'au
tutoiement : « Tu ne m'as pas regardé, eh ! mal
bâti ! »

Ces gens de cheval oubliaient, sans doute, que

l'argot délicat d'un parisianisme qui, sous la forme de M. Lavedan, est entré à l'Académie française, a trouvé d'autres expressions plus pittoresques. Ne citons point : « C'est tout ce que tu prends pour ton rhume ! » Ni même : « Eh ! va donc, c'est pas ton père ! » Ni encore : « J'ai les pieds nickelés ! » Non. Mais, au lieu de leur formule brutale, et réellement peu comique, ils auraient dû emprunter aux ateliers picturaux ceci : « Ah ! vous l'avez, vous, le sourire ! » ou mieux encore : « Regarde, bébé, si j'ai l'œil mauve ! »

Cette suprême expression servit beaucoup en 1900 parmi les littérateurs et boulevardiers. Et ce ne fut pas si mal que cela, de répondre à quelque rustre monté sur le siège d'un fiacre, et fumant sa pipe tout en réclamant cent sous plutôt que quarante : « Regarde, bébé, si j'ai l'œil mauve ! »

✢
✢ ✢

Malgré tant d'aléas, et seulement charmés par la vision possible de la Grande Kermesse, vinrent, alors, sur la rose des trente-deux vents, de tous

les carrefours de l'espace planétaire, des multi-
tudes : des jaunes et des noirs, des olivâtres et des

brunâtres, des blondissimes et des albinos, des
trapus et des héroïquement gigantesques, des
beaux et des anthropopithèques.

Et ruissela, l'immense foule de quarante millions : avec quels langages, nul ne le peut dire ! sauf d'infortunés conducteurs de tramways, et des garçons de restaurant aptes à connaître simplement ce qu'un doigt autoritaire indique sur une carte d'ailleurs surenchérie.

Les Allemands se montrèrent suffisamment disciplinés, race obéissante sous l'atavisme de la schlague prussienne ; les Anglo-Saxons, et surtout les représentants féminins de cette race, se manifestèrent plutôt indépendants ; des Maltais parlèrent le *sabir* le plus pur, des Italiens se firent rodomonts, et des Espagnols étalèrent des morgues inattendues, quoique espérées. L'Esquimau se montra plutôt rare, mais abonda le nègre d'Haïti ou d'ailleurs ; et les peuplades des bords du Danube : Roumains, Bulgares, Serbes, Croates et Hongrois se distinguèrent. Quant aux Japonais, ils affluèrent, et se firent surtout remarquer des Américains de toute race, de toute provenance, de tout poil, de toute beauté et de toute désinvolture.

La Paris-Staff, n'y comprenant même plus son rôle de décor de Babel, luisait, néanmoins, pour

tout le monde. *All right! Hoch! hoch! Bravo! Hip!*
hurrah!

Des Chinois, malgré la terreur d'une guerre

horrible, demandaient, en leur langue, les mets
de leur nation ; des garçons à natte tressée, et bien
au fait, offraient : « Ouo-meun yéou yen-ouo,

9

yu-t'sen, toung-soun, ko-tan, yu-pieul, tsiéou chia-mi, t'ao, ho-t'ao. Tsi-eon, meï kouei-lieuo. »

Et cela signifiait : « Nous avons des nids d'hirondelle, des ailerons de requin, des pousses de bambou, des œufs de pigeon, des filets de poisson, des crevettes enivrées, des pêches, des noix. Comme vin, de la rosée de rose. »

Et le client, acquiesçant à ce programme plein d'alléchance, ajoutait : « T'che-fan-heou, keï ouo y a-pien-yen ». Après, vous me donnerez une pipe d'opium.

Et vinrent aussi des Patagoniens, et des hommes sortis des gorges fantastiques des Andes, et plusieurs Cafres, et maints naturels des îles australes, avec des figures bistrées, pleines de ruse, et des indigènes de la Creuse, de l'Oural, du Var et de la Finlande, des natifs du Jura ainsi que des bonshommes d'Amsterdam, avec des femmes étonnantes qui surgissaient de Pampelune ou de Brest, de Madagascar ou de Ceylan ou de Landerneau. Un magma de peuples, un salmigondis de nationalités. La Mecque était arrivée, ayant pour suivante Nijni-Novgorod, et Chicago se heurtait à Nangasaki. Ce fut beau, étrange, et multiple.

Des cuisines variées, étonnantes et intoxi-
quantes, répondirent à l'appel de tant d'estomacs
venus pour dévorer la Grand'Ville; et des mon-
naies étranges circulèrent chez des changeurs
affolés, et les marchands de tickets ne surent à
quel billon se vouer.

On songeait que les passerelles les plus armées
de ciment ne résisteraient point à de telles pous-
sées. Cependant, avec cette grâce hospitalière qui
n'abandonne jamais la grande nation, il n'y eut
que des Français de tués dans les divers accidents.
La mortalité, inhérente, paraît-il, à la gymnas-
tique des Expositions, épargne les exotiques,
pour ne frapper que les indigènes. Dans cette
lutte contre la mécanique, des Français péri-
rent, y compris un capitaine breveté de l'Armée
nationale, et quelques membres du Suffrage Uni-
versel. Les étrangers furent indemnes : à peine
certains souffrirent-ils d'indignation, à cause de
la subite ablation de leurs porte-monnaie accom-
plie par de jeunes femmes, déjà sur le retour
peut-être, aidées en l'occurrence par des chevaliers

du trottoir. Mais, étouffons de tels scandales sous l'ample draperie de l'oubli doublé de silence.

Et, toujours, sans parti pris d'accidents préconçus, des compagnies de chemins de fer vomirent des trains de plaisir, et les paquebots firent, cuillers immenses, ingurgiter à Paris, capitale absorbante, une décoction fantastiquement pharmaceutique d'exogènes variés, de quoi tuer une Cité moins bien constituée que l'antique Lutèce, ville de Lumière et d'Estomac.

Et l'on organisa des fêtes. Les organisa-t-on, ou s'organisèrent-elles toutes seules? Nul ne le sait.

Un historien affirmera plus tard que les scénarios, très abondants, n'aboutirent qu'à des pièces médiocres. Mais le décor parut si beau qu'on fut quand même satisfait. Les peuplades du Nord ou du Sud et les 22000 maires n'en avaient jamais tant vu dans leurs cahutes, dans leurs palais, ou dans leurs hôtels de ville. Ainsi!

✢
✢ ✢

Quant aux monarques, ils se montrèrent peu fréquents. Oscar de Suède, le premier, advint, en

qualité de petit-fils de Bernadotte, et il essuya gentiment les plâtres de l'Hôtel dentistique (ô Evans!)
des souverains. Car ce fut Philadelphie, héritière
du dentiste Evans, qui loua au pauvre gouverne-

ment français, et à la nécessiteuse Ville de Paris,
un palais dont on manquait pour recevoir les
hôtes royaux.

Puis le Shah de Perse, qui étudia l'automobi-
lisme sous toutes ses faces, et subit l'épreuve d'un
assassinat — raté, heureusement.

Enfin Léopold qui, lui aussi, succomba aux tentations que lui offrait l'Automobile-Club, et ne fut assassiné par personne.

Qui vint incognito ? Nul ne le saura jamais. On parle du successeur d'Arminius et de Barberousse, et aussi de celui que familièrement des bookmakers mal élevés appellent simplement « Galles », mais cela ne fut point officiel. Quant à notre « grand ami et allié », il n'en fut pas question une minute.

✢
✢ ✢

Et, de plus en plus, les foules ruisselèrent. Les mahométans et les bouddhistes, et les fétichistes et les derniers païens de la Néo-Grèce, y rencontrèrent les chrétiens de toute nuance, ainsi que les mormons et les plus purs darwiniens. Des coudoiements s'établirent et des frôlements s'indiquèrent entre races étonnées d'une telle olla-podrida. La femme à Paquin, — la Parisienne de la Porte Monumentale, — et aussi le coq d'or de la Passerelle numéro trois, en virent de toutes les nuances.

Aussi, une telle ardente psycho-physiologie

s'exhala, de plus en plus, de ces foules concassées,

que les Parisiens s'en allèrent vers des rivages
maritimes coutumiers ou quelques montagnes res-
piratoires.

Quant à ceux et celles que de professionnelles obligations retinrent dans la Ville, malgré la Grande Foire intensive, ils surent trouver quelque joie à se réunir le soir dans la rue de Paris, après une journée passée sans doute à visiter la classe 56, ou les filatures et cotons, ou les mécaniques tournantes, ou les aciers redoutables, ou les ci ou les là d'une immensité effroyable de documents entassés. La rue de Paris sur le Cours-la-Reine vit sous ses oranges d'électricité, sous ses feux versicolores, parmi le tintamarre des boniments montmartrois et la fureur des trombones et grosses-caisses, apparaître des dames diamantées et des seigneurs en habit coiffés d'un chapeau mou. Ce fut, pour la Parisienne, un coin spécial dont bénéficia certes le décor de la rue de Paris, mais où les chansonniers de Montmartre consommèrent leur suprême faillite. Bizarre destin.

+
+ +

Revinrent cependant, vers un octobre fleuri de soleil, les exilés volontaires, les Parisiens. Et,

soudain, ils se prirent d'un intense amour et
d'une affection inbornée pour cette Exposition
qui allait mourir.

D'ailleurs, on n'allait plus à l'aventure, à
l'aveuglette : des passionnés restés sur la brèche
durant l'été indiquèrent les coins. Rue de Paris,
c'était Sada Yacco avec Loïe Fuller. Rue des Nations, la Feria et les gentes espagnoles aux yeux de
velours, avec croupes de monstre joli aux replis
tortueux. Et ce fut le Palais du Costume où se
ruaient en cohortes épaisses les femmes, et le
Palais de la Femme où des hommes innombrables
faisaient queue. Et ce fut le Palais des Illusions,
bousculade féroce d'un succès inouï. Mais, enfin
entré, jouir d'une féerie des *Mille et une Nuits*, avec
lampes électriques d'Aladin ! Ah ! ah ! Au sortir de
ce décor intense et si prestigieux, voir, des grandes
cheminées céramiquées, yssir le torrent de fumée
opaque des Palais de l'Électricité, et dire : « La voilà
bien la fumée des Illusions ! Sombre et triste ! »

Revoir le Trocadéro, déjà dénué de maints Cinghalais ou Dahoméens partis vers le soleil loin
des brumes, mais enrichi aux Indes Néerlandaises

10

d'un Pithékanthropus, ainsi le nomme le savant
hollandais qui a découvert cet intermédiaire entre
le singe et l'homme. Ce Pithékanthropus ressemble
étonnamment à un sournois notaire du Périgord,
qui fit quelques frasques. Peut-être le notariat
est-il l'intermédiaire entre la race simiesque et
l'humanité. Qui sait ?

Et nous eûmes les illuminations : Oh ! le Palais
Lumineux reflété dans l'eau du petit lac ! Oh ! les
teintes rosées que prenaient les loggias des Palais
du Champ de Mars sous les feux ! Oh ! le génie de
l'Électricité s'élançant dans l'espace au-dessus des
fontaines lumineuses du Château-d'Eau ! La Tour
au henné parée de joyaux, de lumière ! Le nom de
Duval flamboyant sur la Seine ! Et les projections
électriques balayant l'étendue, et glissant comme
une épée de feu sur le casque rouge du Creusot !

Sous tant de lumières, le style Salamandre, l'architecture de cheminée-que-me-veux-tu dispa-
raissait pour donner une impression intense de
féerie en décor suave. Et les clochetons ajourés
semblables à des paniers pour fleurs paraissaient
s'être emplis d'étoiles bleuâtres. Une jolie guir-

lande couronnait le Trocadéro, et la Passerelle
des Armées de Terre et de Mer posait son arc lumi-

neux et charmant sur l'eau sombre où couraient
les lucioles tremblantes des bateaux omnibus.

Des fêtes, avons-nous dit, furent données en ce monumental décor. La plupart apparurent mesquines, au regret des spectateurs : trop de politiciens encombrèrent les allées. Cependant, il faut retenir la journée des gratuits : ce ne fut pas ordinaire. Une suspicion énorme plana, dès l'aurore et l'ouverture des portes, sur ce peuple que l'on conviait. Une police intense, renforcée d'une garde municipale armée jusqu'aux dents, se mit à sévir, d'un air grave, sur un peuple qui s'abstint avec d'autant plus de raison que maintes et maintes maisons de la kermesse, maints palais et maints demi-palais fermèrent leurs portes, par crainte de ce peuple qui ne vint point, ou peu. Des ouvriers ornés de leur baluchon furent, ce jour-là, chargés d'inspecter les becs électriques, fatigués. L'un d'eux, avec l'accent gouailleur du faubourien, proclama la vérité disant : « On nous prend pour des anarchisses ».

L'auteur de ces lignes, notant sur son carnet cette observation, sentit se poser sur lui l'œil, ou le quart d'œil, d'un agent lisant par-dessus son épaule. Ah ! cette fête sans peuple, sans peuple en fête !

Mais advint une autre fête, celle du chic et des chrysanthèmes au pétrole. L'Automobile-Club-Fête.

Se pavoisèrent les lourdes voitures de style massif, et défilèrent-elles sous un soleil de Saint-Martin. Béni fut-il, ce saint qui adorna de rayons les versicolores voitures, voiturettes et teuf-teufs! Bousculade farouche d'ailleurs : dans le cirque immense se pressa une foule abrupte et lasse. Le cortège triomphal des automobiles, précédé par l'Harmonie Dufayel, ô fanfare! se déroula singulier dans son hybridisme de fleurs sans parfum et de pétrole malodorant. Mais, sinon les nez, du moins les yeux furent charmés.

✤
✤ ✤

Advint, enfin, de délais en délais, le dernier jour de la Grande Kermesse.

Ici s'imposent les dernières impressions du voyageur attristé.

D'abord, le bateau remontant la Seine, afin de revoir le décor en sa somptuosité, sous un léger brouillard automnal. 11 novembre! Ce n'est plus la fine fleur de l'été. Là-bas, la Roue de Paris, délicate et fine, semblable à un tambour de basque crevé ou dont la peau serait faite de je ne sais quoi en brume jaune et rosée. La Tour embrumée. Le Trocadéro éléphantesque et ses défenses. Le vieux Globe Céleste, puérile boule de bilboquet, pour le bilboquet de la Tour. Voici l'Inde Anglaise, *India and Colonial Britannia*. Les passerelles légères sur le fleuve. Voici que le soleil déchire le brouillard : frisquet néanmoins l'air sur le pont du bateau.

Mais c'est le Vieux Paris qui émerge gracieux héroïquement sur ses pilotis. Et la Rue des Nations dresse ses merveilles sur un azur peu à peu désembrumé.

Repassé sous la Porte Binet. Revu le Pont Alexandre. Et, aussi, ce groupe d'une Ève de Montmartre en proie au serpent, toute blanche entre deux dogues énormes et grisâtres. Autre groupe sombre au pied d'une croix. Plus loin un homme mourant, une femme attristée et deux angelots qui, insouciants, s'égaient ; par terre, un sablier qui se vide : ô deuil ! Debout sur son cheval un Indien de Fenimore Cooper menace de son bras l'ensemble des Palais-Staff, suaves dans le jaunissement de l'azur.

Puis la rue de Paris où la gelée a dépouillé les marronniers de leurs suprêmes feuilles, et la faillite rongé les dernières attractions.

Aux Invalides, ce ne sont que photographes hâtifs prenant les vues de ces moribondes demeures, où l'on entend les coups de marteau clouant les caisses, cercueils pour bibelots qu'abrita six mois la joliesse des blancs clochetons ajourés, le simili-stuc des colonnades.

Un tour sur le trottoir mobile, afin de revoir les déjà vus qu'on ne reverra plus.

Ensuite une passerelle aux marches usées par les pieds innumérables des populations : elle a résisté! Saluons la passerelle.

Les Mines et Métallurgie égrènent leur dernier carillon, tandis qu'un gouraudphone (nouvel ustensile pour sourds et auberges pleines) essaie du haut de la Tour de crier *la Marseillaise* dans le vent.

Oh! le Pavillon vert des Messageries Maritimes (vert d'eau sans doute océanique).

Devant un résistant restaurant arabe de l'Algérie, c'est un barnum français, bien connu rue du Croissant (ô Turquie!), qui souffle le boniment parisien à un nègre gigantesque tout en yeux blancs et en dents, secouant sa tête si noire, à chaque phrase qu'il répète, mal d'ailleurs. Un tambour scande les virgules; une dame dit, dédaigneuse : « Vrai, on ne se croirait jamais à une Exposition ! » Après le boniment, la foule, y compris la dame, s'en va sans rien payer. Tristesse du barnum.

Stéréorama, médaille d'or des attractions : un voyage en Méditerranée. Exquis.

Le Transvaal fermé, avec toujours l'indicatrice main exsangue désignant la R. S. A. des mines d'or.

Des gens s'embrassent : on s'embrasse beaucoup dans cette Exposition qui va mourir.

Essayé de déjeuner parmi ces ruines, comme Marius à Carthage. Restaurant roumain, massif vu de haut, tzigane par en bas, près d'une Bulgarie polychromée, jolie, et d'une Perse sur la façade de laquelle on lit : « Tir à dix centimes le coup ».

Errance parmi des déménagements; déjà des voituriers s'empressent; trois énormes grues stationnent près du Tour du Monde, si nougat de facture — oh ! combien nougat !

✣
✣ ✣

Et la nuit tombe, amenant les illuminations du

catafalque. Que charmante, cette soirée funèbre !
Les derniers flonflons et les suprêmes lumières !

Voilà le restaurant empli des derniers carrés de
visiteurs tenaces du suprême jour. Des musicas-
tres y font ronfler sur les chanterelles les valses
ultimes, — danses macabres.

Soudain, c'est le coup de canon de la Tour.
Poum ! poum ! Tout s'éteint. A la brasserie, pour
finir, le chef d'orchestre exécute *la Marseillaise*;
mais, sur la prière d'un visiteur, il ajoute à ce
chant national un air bien de circonstance et em-
prunté à notre beau Midi : « Adioü, adioü, adioü,
paoubré, adioü paoubré carnaval! » que nous
écoutons debout religieusement.

De nombreux agents de la force publique invi-
tent les retardataires à fuir vers leurs demeures.
Minuit moins le quart. Voici le Staff, le Stuc, l'Or
faux, le Fer, dans l'ombre, et les Palais, et le Trocadéro, et tout dans la nuit : il bruine, le ciel
pleure sur le trépas de la Grande Kermesse.

En passant près du Maréorama, nous entendons
distinctement un bruit de baisers. Est-ce Schéhérazade qui, pour la dernière des *Mille et une Nuits*,

embrasse le porteur de la lampe merveilleuse,
Aladin, prince du rêve? C'est bien possible.

La pluie augmente, le train file. Sur l'île des
Cygnes, en passant, on aperçoit de gigantesques
ombres, les restes de l'Exposition morte.

Paris-Staff, en sommeil, attend la pioche des
fossoyeurs de la Démolition. Déjà la pluie l'en-
tame. Adieu, Paris-Staff.

TABLE DES ILLUSTRATIONS

ACHEVÉ D'IMPRIMER

Le 1er Décembre 1902

SUR LES PRESSES A BRAS DE LAHURE

M. Jattefaux, prote à la composition

M. Ouivet, prote aux machines

Naltet et Eminger, pressiers

www.ingramcontent.com/pod-product-compliance
Lightning Source LLC
Chambersburg PA
CBHW071818090426
42737CB00012B/2131